RESPONSABILITÉ
DES HOTELIERS

QUELQUES MOTS

SUR

L'URGENCE DE MODIFIER LA LOI

ACTUELLE

PAR

J. FERRÉ

Avocat à la Cour d'Appel de Paris.

PARIS

TYPOGRAPHIE DE CH. MARÉCHAL ET J. MONTORIER
(J. MONTORIER, S^r)
16, COUR DES PETITES-ÉCURIES, 16

1889

RESPONSABILITÉ
DES HOTELIERS

ANACHRONISME

« Nul n'est censé ignorer la Loi. » Combien de gens toutefois seraient étonnés d'apprendre qu'en ce temps d'*Orient Express*, de *Billets Cook*, de *Trains-Eclairs* et de *Transatlantiques* à grande vitesse, c'est encore le vieux droit de l'antique république romaine qui, sous la République française, régit les hôteliers comme les voyageurs.

Oui ! souvent on l'a dit, la vapeur et l'électricité ont matériellement changé la face du monde : Par elles, les relations sociales et industrielles, les conditions économiques et financières, les habitudes de la vie, la forme même de la richesse se sont modifiées de toutes parts, et notre loi demeure comme indifférente devant ces nouveaux intérêts qui cependant réclament des garanties nouvelles.

Jamais les voyages n'ont tenu dans les mœurs une place plus importante, et jamais plus grosses sommes d'argent n'ont circulé sous un plus petit volume ; eh ! bien, quand il s'agira de fixer juridiquement les droits de l'hôte et ceux de l'hôtelier, la responsabilité de celui-ci et la sécurité de celui-là, quels guides trouverons-nous !

Le Code civil, simple traducteur du Digeste (livre iv, titre 9);

Les jurisconsultes qui n'ont rien innové sur cette question depuis le neuvième siècle ;

Où enfin les dernières décisions de nos Cours d'appel basées sur les mêmes motifs que les arrêts du Parlement de Toulouse en 1584, de Rouen en 1616, ou de Paris en 1718;

Si bien qu'à l'heure présente comme avant l'ère chrétienne, qu'il s'agisse d'un barbare, arrivant en litière par la porte Esquiline, avec quelques pesantes monnaies de bronze, ou d'un banquier d'Australie, descendant de son *sleeping-car*, avec toute une fortune dans son imperceptible carnet de poche, la loi reste la même !

Et, qu'un vol soit commis, l'hôtelier peut être ruiné d'un seul coup par le jugement qui le condamne à rembourser des capitaux considérables ; ou bien, au contraire, le touriste volé peut subir un réel dommage et même voir sa demande complètement repoussée, parce que, en l'absence d'un acte de dépôt, il ne fournira que des preuves incertaines, dont l'admission ou le rejet est laissé à l'arbitrage des tribunaux.

Est-ce vrai ? Est-ce possible ? Est-ce juste ?

Cela est vrai, nous le démontrerons par les textes eux-mêmes.

Celà est possible, et, jusqu'à nouvel ordre, il n'y a que cela de possible.

Car le Code le veut ainsi.

Mais cela est dangereux, et prouve, une fois de plus, que tout ce qui est légal n'est pas toujours légitime.

LOIS D'AUTREFOIS. — LOI D'AUJOURD'HUI

Nous avons indiqué que la législation actuelle n'avait fait que traduire les dispositions contenues aux Pandectes.

Que dit en effet l'article 1952 ? « Les aubergistes ou hôteliers sont responsables, comme dépositaires, des effets apportés par le voyageur qui loge chez eux. »

Que disait le Préteur, ce juge-législateur de la Rome païenne, dont les édits nous ont été soigneusement transmis ? « *Nautœ, caupones, stabularii, quod cujusque salvum fore receperint, nisi restituent, in eos judicium dabo.* » C'est ce qu'a reproduit notre Code.

Donc, à travers plus de dix-neuf siècles, le principe a été maintenu. Il est d'ailleurs absolument équitable et c'est dans ses applications seules que nous rencontrerons matière à de sérieuses critiques.

Mais continuons l'étude de nos textes. Toujours inspiré par les Pandectes, notre article 1753 s'exprime ainsi :

« Ils sont responsables du vol ou du dommage

des effets du voyageur, soit que le vol ait été fait ou que le dommage ait été causé par les domestiques et préposés de l'hôtellerie, ou par des étrangers allant et venant dans l'hôtellerie. »

Cet article complète le précédent; et l'ensemble de leurs dispositions peut, quant à présent, se résumer ainsi : En cas de vol dans son établissement, l'hôtelier est responsable, comme dépositaire, des effets apportés par le voyageur.

Dès lors, deux questions se présentent immédiatement à l'esprit :

Quels sont les éléments constitutifs de ce dépôt ?

Quel est le sens juridique de ces mots : Effets apportés par le voyageur ?

Le dépôt est constitué par le seul apport des effets dans l'hôtellerie ou ses dépendances. La consignation entre les mains de l'hôtelier n'est pas nécessaire. Les plus anciens jurisconsultes avaient déjà formulé cette opinion, et Ulpien, traitant ce point de droit à propos des nautoniers (Loi 1 § 8 au Digeste), écrit ceci : « *Recipit autem salvum fore, utrum si in navem res missæ ei adsignatæ sunt, an, etsi non sint adsignatæ.* » Et Gaïus (lib. 5 *ad edictum*), assimile complètement les aubergistes aux nautoniers.

L'ordonnance de 1667 a confirmé cette manière de voir.

Cependant le jurisconsulte Pothier, frappé des inconvénients que cette doctrine présentait pour les dépositaires, interprétait ainsi cette ordonnance : « Observez, disait-il, que le dépôt n'est pas censé intervenu par cela seul que le voyageur a apporté ses effets dans l'auberge, au vu et su de l'aubergiste, s'il ne les lui a pas *expressément donnés en garde*; c'est pourquoi, si les effets de ce voyageur sont volés ou endommagés dans l'auberge par des allants et venants, ou même par d'autres voyageurs qui logent comme lui dans l'auberge, l'aubergiste n'en est pas responsable; mais, si le vol avait été fait, ou le dommage causé par les serviteurs de l'aubergiste ou par ses pensionnaires, il en serait responsable, quand même les choses ne lui auraient pas été données en dépôt, car il ne doit se servir pour domestiques, ni avoir pour pensionnaires que des personnes dont il connaisse la fidélité, au lieu qu'il n'est pas obligé de connaître les voyageurs qui ne logent qu'en passant dans son auberge. »

Mais cette doctrine a été repoussée par tous les auteurs modernes, Delvincourt, Duvergier, Bugnet, Aubry et Rau, etc.; et « le texte de l'article 1952 semble avoir été fait tout exprès pour la condamner, » car il n'y est aucunement parlé d'effets consignés ou donnés en garde mais seulement d'effets *apportés*.

Et maintenant, quel est le sens juridique de ce mot : *Effets?* Que traduit-il dans le passé, que représente-t-il aujourd'hui ?

Ce que nous appelons « Effets » c'était, il y a près de quatorze siècles : « *Quamcumque rem sive mercem receperint.* » C'est-à-dire toutes choses quelconques ou toutes marchandises quelconques apportées dans l'auberge, et Vivien ajoutait que l'édit s'appliquait également aux accessoires des marchandises, comme les vêtements et les autres objets d'un usage quotidien.

Voilà ce à quoi correspondait notre mot *effets*, à une époque où les billets de banque, les titres au porteur, et, pour employer le terme consacré, tous les effets de commerce étaient inconnus. Mais, de nos jours, va-t-il en être ainsi et l'hôtelier restera-t-il responsable de toutes choses apportées dont il ne soupçonnera même pas la valeur ?

En principe, oui !

Ecoutez Marcadé : « Il ressort clairement des travaux préparatoires du Code civil que le mot *effets*, employé par la loi, doit être pris dans son acception la plus large, et par conséquent comme comprenant même l'argent et les objets précieux. » Et nous lisons ailleurs sur le même sujet : « Remarquons que le mot *effets* a été pris par le Tribunat dans son sens le plus étendu et qu'on n'a pas contesté que cette expression embrassât les objets les plus précieux et du plus grand prix. »

Or, cette écrasante responsabilité de l'aubergiste est engagée par cela seul que les effets du voyageur sont endommagés ou perdus, quel que soit d'ailleurs le fait dommageable. L'aubergiste est présumé en faute, ce sera à lui à détruire cette présomption ; quant au voyageur, dès qu'il aura prouvé que le fait dont il se plaint a eu lieu dans l'hôtel, il n'a plus qu'à établir la consistance et la valeur de ses effets.

Comment fera-t-il cette preuve ?

Ici la loi nous semble plus rigoureuse encore ; car, après avoir déclaré que les hôteliers sont responsables, comme dépositaires, des effets apportés par le voyageur qui loge chez eux, l'article 1952 de notre Code ajoute : « Le dépôt de ces sortes d'effets doit être regardé comme *dépôt nécessaire.* »

La conséquence immédiate de cette dernière phrase, c'est que la preuve par témoins pourra être admise quelle que soit la valeur des effets perdus, endommagés ou volés (art. 1950).

Dans notre législation, qui se défie avec tant de raison de la preuve testimoniale, c'est là une exception grave au principe fondamental de l'article 1341 : « Il doit être passé acte, devant notaires ou sous signature privée, de toutes choses excédant la valeur de cent cinquante francs, même pour dépôts volontaires ; et il n'est reçu aucune preuve par témoins contre et outre le contenu aux actes, ni sur ce qui serait allégué avoir été dit avant, lors ou depuis les actes, encore qu'il s'agisse d'une somme ou valeur moindre de cent cinquante francs. »

J'entends bien que d'après l'article 1348, cette exception s'applique « aux dépôts faits par les voyageurs en logeant dans une hôtellerie, *suivant la qualité des personnes et les circonstances du fait* » ; mais que d'erreurs possibles et, partant, que d'inévitables dangers dans une semblable appréciation !

Et c'est sur des bases si fragiles que la loi actuelle établit le pouvoir discrétionnaire du juge ! pouvoir qui lui permettra de déférer le serment sur la valeur de la chose réclamée, après qu'il aura déterminé, de son propre arbitrage, la somme jusqu'à concurrence de laquelle le demandeur en sera cru sur son serment (art. 1369 Code civil).

En sorte qu'il suffira d'un aventurier, d'un misérable ne reculant point devant un parjure, pour que la ruine d'un honnête homme soit légalement consommée !

L'hôtelier se sent si complètement désarmé devant notre Code, que parfois il se condamne lui-même pour ainsi dire, et exécute à l'avance une sentence qu'il sait devoir lui être défavorable. Dernièrement, à Paris, une voyageuse, très honorable d'ailleurs, déclare qu'un de ses diamants a disparu. On l'avait vu la veille et elle n'était point sortie depuis. L'hôtelier paya, pour éviter au moins les frais d'un procès qu'il ne pouvait gagner et quelque temps après le diamant fut retrouvé dans le dossier d'un fauteuil par un ouvrier tapissier qui, par bonheur, le rendit fidèlement, en sorte que tout se termina pour le mieux. Mais, sans la probité de cet apprenti, l'hôtelier perdait deux ou trois mille francs qu'il s'était lui-même condamné à payer, bien qu'il ne fût coupable d'aucune négligence et parce qu'il ne se sentait point protégé par la loi.

On nous répond que le juge a le droit de refuser l'enquête ou de ne déférer le serment que si le justiciable lui *paraît* de bonne foi! Hélas! il n'est pas d'honnête homme qui puisse fournir autant de témoignages de *respectability* que les *pick-pocket* de haut vol! et si, d'autre part, le magistrat trompé par des apparences contraires refuse l'enquête demandée, c'est le voyageur qui devient victime puisqu'il ne pourra établir le préjudice réellement éprouvé.

De ces deux intérêts en présence est-il donc indispensable que l'un ou l'autre soit sacrifié?

Ulpien tenait pour le voyageur contre l'aubergiste et vantait la sévérité exceptionnelle de l'ancienne loi, parce que, pensait-il, le droit commun laisserait la facilité aux hôteliers de s'entendre avec des voleurs au préjudice des hôtes.

Mais d'un autre côté, plusieurs siècles après, M. de Lamoignon disait, lors de la discussion de l'ordonnance de 1667, « qu'il serait trop dur d'abandonner les hôteliers à la discrétion des filous et de toutes sortes de gens qui vont loger chez eux. »

La question a donc bien été posée dans ses termes extrêmes. Mais aucune loi ne l'a résolue définitivement. Les législations étrangères ne nous fournissent à cet égard aucun document précis et sérieux. Les unes s'en réfèrent au droit commun en matière de responsabilité, ce sont les plus favorables ; les autres s'occupent surtout du mode de preuves à apporter ; aucune ne limite quant au chiffre et selon des circonstances déterminées, cette responsabilité qui nous occupe. La loi anglaise fixe bien un maximum de 750 francs dans notre monnaie, mais sans déterminer suffisamment les conditions. La loi américaine, notamment dans les Etats de Michigan, de l'Illinois et du Minnesota, impose aux hôteliers l'obligation d'un coffre-fort, aux voyageurs le devoir d'y déposer leurs valeurs ; mais, en cas d'infraction à ces règlements, la question de faute se représente avec toutes ses incertitudes. Cette diversité même dans les appréciations nous indique une fois de plus la nécessité de fixer le droit sur un point aussi important ; et il nous semble que la France, qui est, grâce à ses merveilles artistiques et naturelles, grâce à sa position géographique, le but ou le centre de tous les voyages, doit tenir à honneur d'assurer, une fois pour toutes, les garanties multiples que réclament tant d'intérêts en jeu.

Or, la faculté, accordée aux tribunaux de se décider suivant la qualité des personnes et les circonstances du fait, est la seule garantie que l'on ait trouvée jusqu'ici.

Est-elle suffisante ? Et, puisqu'en ce chapitre nous nous occupons plus spécialement des hôteliers, n'ont-ils pas eu, n'ont-ils pas encore à souffrir de cet état de choses ?

LES PARLEMENTS ET LA COUR DE PARIS

Les décisions rendues par ces juridictions souveraines présentent de grandes variations suivant les faits mêmes de la cause, et, si quelques-unes ont donné raison à l'aubergiste, celles que nous rapportons ici sont assez nettes pour lui faire comprendre qu'il n'est toujours point en pleine sécurité.

C'est ainsi qu'un arrêt du Parlement de Rouen, en date du 14 juin 1616, déclara un hôtelier responsable d'un vol de marchandises qui avait été fait à des voituriers dans la cour de l'hôtellerie et il fut ordonné que ces voituriers seraient crus à leur serment relativement à la qualité de ces marchandises.

Par un autre arrêt du Parlement de Paris, rendu le 21 juin 1718, un hôtelier de Langeais fut condamné à restituer à des marchands les marchandises qu'ils disaient leur avoir été volées dans des balles, quoiqu'il n'y eut d'autres preuves du vol que la déclaration de ces marchands et que l'hôtelier alléguât qu'il n'avait aucunement été instruit de ce qu'il y avait dans ces balles. Le serment fut déféré à ces marchands relativement à l'objet du vol, et, bien qu'ils n'eussent pas prévenu de la valeur des effets apportés, le prix dut leur en être payé.

Voilà pour le passé; voici pour le présent :

Le 14 décembre 1881, la Cour d'appel de Paris confirmait un jugement rendu par le tribunal de la Seine, dans les termes suivants, imposés par la loi actuelle :

« Attendu que, aux termes des articles 1952 et 1953 du Code civil, les aubergistes et hôteliers sont responsables, comme dépositaires, des effets apportés par le voyageur qui loge chez eux, le dépôt de ces sortes d'objets devant être considéré comme un dépôt nécessaire; qu'ils sont responsables du vol des effets des voyageurs, qu'il ait été commis par les domestiques ou préposés de l'hôtelier ou par des étrangers allant et venant dans l'hôtellerie ;

« Attendu que cette responsabilité, qui a lieu *encore bien que les effets volés n'aient pas été confiés à l'hôtelier*, n'est pas subordonnée à la nature et à la valeur des objets volés; que la négligence ou l'imprudence du voyageur ne peut la faire disparaître, à moins que l'hôtelier ne prouve que le vol a été commis par des tiers étrangers à l'hôtel et dans des circonstances de nature à déjouer la surveillance et les mesures de précaution auxquelles il est tenu ;

« Attendu, en conséquence, que le voyageur qui se prétend volé n'a qu'une preuve à faire, c'est qu'il était réellement possesseur des objets dont il se prétend dépouillé; *qu'il n'est pas même tenu de prouver exactement le montant des sommes volées ; qu'il suffit que, d'après sa condition et les circonstances de la cause*, il soit présumé les avoir eues en sa possession au moment du vol, les tribunaux ayant à cet égard un pouvoir d'appréciation souveraine ;

« En fait : — Attendu que S..., ancien diplomate, est descendu le 26 juin 1878 à l'hôtel de B..., tenu par H... qui le connaissait depuis longtemps; qu'à son arrivée, S... remit à H... sa sacoche de voyage en le prévenant qu'elle contenait toute sa fortune; que, plus tard, H.., en reconnaissant ce fait a déclaré que, d'après ses souvenirs, S... lui avait dit qu'elle renfermait quatre ou cinq mille francs ;

« Attendu que S... après avoir plusieurs fois retiré des fonds de cette sacoche pendant qu'elle était confiée à H..., en a repris possession pour pouvoir en disposer plus librement, étant sur le point de partir pour Londres ;

« Attendu que, pendant son séjour à l'hôtel de B..., il occupait au cinquième étage la chambre n° 82 où étaient déposés ses bagages ; que le 26 juillet, vers sept heures du matin, ayant reconnu que l'une de ses malles avait été coupée et fracturée et que la sacoche qu'il y avait placée avait été volée, il a fait aussitôt aux gens de service de l'hôtel, H... étant absent, la déclaration du vol commis à son préjudice ;

« Attendu qu'il a été procédé le jour même, en présence d'H... et sur la plainte portée par S... au commissaire de police, à une enquête de laquelle il résulte que le vol dont s'agit avait été commis par un voyageur occupant la chambre voisine de celle du plaignant (suivent les constatations sur la possibilité de passer d'une chambre dans l'autre en poussant les deux battants d'une porte) ;

« Attendu que par la demande dont le tribunal est saisi, S... conclut à ce que H... soit condamné à lui rembourser la somme de 19,500 francs, montant des valeurs diverses qui lui ont été soustraites ;

« Attendu que de sa plainte au commissaire de police et suivant le détail desdites valeurs dont il se disait détenteur avant le vol, il résulte qu'il en avait fixé le montant à 18,500 francs environ ;

« Attendu qu'*encore bien qu'il ne soit pas tenu d'indiquer exactement la somme dont il se dit dépouillé*, S... a établi par des justifications précises et concordantes qu'il était détenteur d'au moins 14,500 francs ; que cette somme paraît en *rapport avec les ressources dont il semble avoir pu disposer lors du vol* et qu'il y a lieu de la lui allouer. Par ces motifs : condamne H... à payer, etc., etc.

La Cour de Paris a adopté ces motifs et maintenu la condamnation.

Nous avons tenu à donner ici le texte complet de cet arrêt, car il résume la doctrine des jurisconsultes et la jurisprudence des tribunaux, il indique ce qu'il faut entendre par ces mots : « suivant la qualité des personnes et les circonstances du fait » ; enfin, il détermine le régime légal sous lequel sont aujourd'hui placés les hôteliers.

Pourquoi un tel régime? Sommes-nous donc dans les cas exceptionnels prévus par le Code pour le dépôt nécessaire?

QU'EST-CE QUE LE DÉPOT NÉCESSAIRE?

Art. 1949. « Le dépôt nécessaire est celui qui a été forcé par quelque accident, tel qu'un incendie, une ruine, un pillage, un naufrage, ou autre évènement imprévu. »

Ces circonstances sont telles que le choix du dépositaire n'a pas été possible. Le déposant a été sous l'empire d'une nécessité qui l'a contraint à se confier au premier venu, sans pouvoir s'informer si le tiers méritait ou non sa confiance. C'est là, enseignent les auteurs, le caractère distinctif du dépôt nécessaire; c'est là ce qui motive la dérogation que le législateur a dû apporter en faveur du déposant aux règles sur le dépôt volontaire ; et, dans l'exposé des motifs de la loi, M. Réal allait jusqu'à dire : « Il ne s'agit pas ici d'un contrat, mais plus exactement d'un quasi-contrat fondé sur la nécessité. »

En est-il ainsi pour le voyageur arrivant dans une hôtellerie?

Oui ! répondait Ulpien (Loi I. liv. 4, titre 9, au Digeste), car le plus souvent il est dans la nécessité de s'abandonner à la bonne foi de l'aubergiste, qui, si les prescriptions n'étaient point aussi rigoureuses, pourrait abuser d'une telle confiance.

Cela avait quelque raison d'être à une époque où, pour se distinguer de leurs collègues, certains aubergistes croyaient devoir ajouter à leurs enseignes : « Ici on est honnête. »

Mais la corporation des hôteliers dont l'honorabilité grandit en quelque sorte avec l'importance acquise de nos jours, est, depuis trois cents ans au moins, recrutée de façon à calmer de telles alarmes. L'article 82 de l'ordonnance de Moulins rendue en février 1567 et l'édit

royal qui la complétait nous apprennent, en effet, que :
« Ne pourront aucuns tenir hostellerie ou cabaret, qu'ils
n'aient demandé permission aux juges du pays, qui ne
leur pourra être refusée, s'ils sont gens de bien, de bon-
nes vie et renommée, mœurs et conversation. »

Depuis, ces règlements se sont multipliés ; la surveillance plus active a amené partout des améliorations ;
le personnel présente aujourd'hui toutes les garanties
désirables ; et cependant certains jurisconsultes écri-
vaient encore, il y a une trentaine d'années : « Rien
n'est plus juste qu'une pareille responsabilité. Où serait,
sans elle, la sûreté des voyageurs ? Quelle facilité pour
les escrocs et les fripons de s'entendre avec les hôteliers
pour exercer, de concert et à profit commun, une coupable industrie ? » C'est là, comme nous l'indiquions,
le tradition pure et simple du Digeste ; et, quand on
connaît les habitudes françaises, on demeure convaincu
que ces écrivains n'avaient jamais voyagé, et, de parti
pris, considéraient comme un ennemi naturel, celui en
qui le vrai touriste trouve, le plus souvent, un hôte
digne de ce nom, intelligent, dévoué et profondément
honnête.

Sans se laisser emporter à de pareilles accusations,
les auteurs plus modérés soutiennent cependant le principe du dépôt nécessaire avec ses dangereuses conséquences ; Marcadé (art. 1952, n° 520) s'exprime ainsi :
« L'aubergiste, exerçant une profession, s'impose, par
là même, des obligations plus rigoureuses ; il s'offre à
la confiance publique ; on comprend donc que le législateur ait pu, sans injustice, lui demander une vigilance
plus grande qu'à celui qui se charge volontairement et
gratuitement de la garde d'un objet. La raison ici est
la même que celle qui domine dans le cas de dépôt
nécessaire proprement dit. » En effet, ajoute-t-il,
« Quand quelqu'un se trouve en voyage et arrive dans
une ville, il lui est à peu près impossible de prendre des
renseignements sur la probité de celui chez lequel il est
obligé de se loger, il doit nécessairement s'en remettre
à sa bonne foi. »

L'argument est-il fondé en fait et en droit ?

En fait, ce ne sont plus les renseignements qui man-
quent. Les guides, les agences, les compagnies de chemins de fer ou de navigation, le contrôle personnel et

incessant des innombrables voyageurs vous édifient complètement sur le genre, les prix, la situation, la sécurité des hôtels où vous devez descendre et ne vous laissent réellement que l'embarras du choix.

En droit, si l'impossibilité de connaître la probité des dépositaires constitue la base de la théorie sur le dépôt nécessaire étendue au cas qui nous occupe, cette théorie ne saurait plus être invoquée ni par le client revenant pour la troisième ou quatrième fois dans un hôtel, car il a eu le temps d'en apprécier l'honorabilité, ni par le pensionnaire qui a pu prendre à loisir toutes ses informations.

Aussi Marcadé, avec sa logique habituelle, partageait cet avis, au moins quant au pensionnaire. « Nous ne trouvons plus ici, dit-il, ce qui, dans le dépôt nécessaire, est la cause et le principe de sa responsabilité, en ce que, à la différence du voyageur proprement dit, qui doit accepter, de confiance, et pour ainsi dire à l'aveugle, l'hôtelier établi dans la localité qu'il traverse, l'homme qui réside dans la localité même où l'hôtel est situé, a tout le temps et tous les moyens nécessaires pour se renseigner sur l'établissement et les garanties qu'il offre, avant d'aller s'y loger. »

Cependant, la 5ᵉ Chambre du tribunal civil de la Seine n'a point admis cette doctrine et, dans son audience du 20 novembre 1883, elle a jugé : « que quel que soit le temps passé dans l'hôtel, tout individu qui y est descendu et y a pris une chambre est considéré comme un voyageur au regard de l'hôtelier, en ce sens que ce dernier ne peut pas invoquer l'existence d'un séjour plus ou moins long de son client pour s'affranchir de ses obligations et de ses devoirs. En conséquence, l'hôtelier, dans le cas ci-dessus, est responsable du vol commis dans son établissement au préjudice d'un client qui y couchait habituellement tous les soirs depuis trois ans ! »

Dans l'espèce, il n'y avait certes pas pour le volé impossibilité de se renseigner sur la probité des dépositaires. Trois années étaient plus que suffisantes pour s'en rendre un compte exact, et pourtant devant les termes généraux et absolus de l'article 1952 le tribunal a cru devoir appliquer les dispositions relatives au dépôt nécessaire.

Encore faut-il observer qu'en fait comme en droit ces dispositions ne devraient pas être étendues au contrat d'hôtellerie; car, pour ne citer qu'une différence fondamentale, le dépositaire nécessaire a au moins la garde effective du dépôt; il peut ordonner à cet égard toutes les précautions qu'il juge utiles; et l'on comprend dès lors sa responsabilité en cas de négligence, de vol ou de dommages.

Mais l'aubergiste ne garde pas directement les effets du voyageur, puisque celui-ci en conserve la libre disposition, et empêche par là même les dépositaires, d'exercer la surveillance indispensable. De telle sorte que l'aubergiste, qui ne peut être prudent comme il le voudrait, est cependant responsable de l'imprudence du voyageur !

En conséquence, nous ne sommes pas dans le cas du dépôt nécessaire; et les auteurs reconnaissent eux-mêmes que l'on ne peut procéder que par assimilation.

Quel est donc le véritable caractère du contrat intervenu ?

VÉRITABLE CARACTÈRE DU CONTRAT D'HOTELLERIE.

Le contrat qui se forme entre l'hôtelier et le voyageur est double, dit encore Marcadé : « il y a d'abord un louage pour les soins et services qui sont rendus à la personne et aux animaux que ce voyageur peut avoir avec lui et pour l'asile qui leur est fourni. Et puis, comme accessoire de ce contrat principal, intervient un contrat de dépôt qui en est la suite ou la conséquence ordinaire, mais qui diffère du dépôt volontaire en ce qu'il est non pas un simple office d'ami mais un service rendu en considération du bénéfice que le séjour des voyageurs dans l'hôtel procure à l'hôtelier. »

Etranges bénéfices parfois, puisqu'une location de quatre francs, par exemple, peut entraîner une responsabilité aussi lourde que celle dont nous venons de parler et hors de toute proportion avec la somme perçue. Dans toutes les autres professions, cependant, la rémunération, les honoraires sont en raison directe de la responsabilité encourue.

Certains jurisconsultes laissent complètement de côté cette question de profit mais affirment plus nettement encore la distinction des deux contrats : Louage pour le service et le logement; dépôt pour les effets apportés avec le voyageur.

Seulement, disent-ils, c'est un dépôt d'une nature spéciale. On ne peut en exiger un acte régulier ni du voyageur fatigué par une longue route, ni de l'hôtelier souvent trop occupé à l'arrivée des trains ou des bateaux (En réalité ces difficultés pratiques ne sont pas sérieuses). Le contrat se forme donc tacitement par l'apport des effets dans l'hôtel, il est dispensé de preuve écrite, il se prouve par témoins.

A ce dernier point de vue, c'est bien le dépôt nécessaire. Mais c'est plus encore! comme dépositaire, l'aubergiste ne serait tenu d'apporter à la garde des objets appartenant aux voyageurs que les soins qu'il a coutume de donner à ses propres affaires. La loi exige davantage.

L'exercice même de sa profession, le permanent appel que l'hôtelier fait à la confiance du public, le profit indirect du dépôt qui constitue le contrat à titre onéreux, toutes ces conditions lui imposent non seulement la bonne foi du dépositaire nécessaire mais un soin exact, une vigilance scrupuleuse et dès lors il est responsable même d'une faute légère, même de la moindre négligence.

C'était déjà l'avis de Pothier et les rédacteurs du Code ont certainement entendu consacrer cette doctrine. Les articles 1953 et 1954 ne laissant aucun doute à ce sujet.

Et cette vigilance, supérieure à celle qu'il apporte à ses propres intérêts, l'hôtelier devra l'exercer sur des *effets* dont il ignore la valeur et jusqu'à l'existence.

Et, par une anomalie inexplicable, la loi qui exige de l'hôtelier cette surveillance exceptionnelle, dispense le voyageur même de sa prudence habituelle; ce dernier chez lui, dans une maison qu'il connaît, au milieu des gens qu'il a choisis, ne pourra s'en prendre qu'à lui-même d'un défaut de précaution; tandis qu'à l'hôtel, avec un personnel inconnu, au milieu des allants et venants, il ne sera plus tenu à aucune vigilance, l'hôtelier est là pour répondre à ses réclamations.

Et contre cette réclamation l'hôtelier n'aura d'autres

garanties que l'arbitrage du tribunal suivant la qualité des personnes et les circonstances du fait !

Ne pourra-t-il au moins, par un avis affiché dans les chambres et dans les endroits apparents de l'hôtel, exiger du voyageur le dépôt des valeurs et objets précieux dans la caisse de l'établissement, et dégager sa responsabilité pour le cas où il n'aurait pas été tenu compte de cette invitation ?

AVIS RELATIF AUX VALEURS ET OBJETS PRÉCIEUX.

Les jurisconsultes approuvent cet usage presque général aujourd'hui. C'est là disent-ils une sage précaution de l'hôtelier.

Mais quelles vont en être les conséquences légales ?

« Le voyageur peut être en faute pour n'avoir pas suivi le conseil qui lui était donné et le juge pourra, selon les circonstances, le débouter de son action en responsabilité. »

Selon les circonstances ! Toujours la même garantie, dont les dernières décisions judiciaires nous indiquent le caractère :

Un hôtelier, ayant à faire faire une réparation dans la chambre d'un voyageur, y amène un ouvrier. Celui-ci commet un vol. Le voyageur réclame une somme relativement importante. L'hôtelier invoque l'avis affiché et l'imprudence du voyageur qui ne s'y est pas conformé.

Le 11 août 1880, le tribunal de la Seine appelé à statuer sur cette affaire déclare que :

« *L'avis placardé* dans l'hôtel ou imprimé sur les quittances de loyer que l'hôtelier n'est responsable que des objets, valeurs, bijoux, etc., déposés au bureau contre reçu, *n'est pas de nature à faire disparaître ou à atténuer la responsabilité de l'hôtelier*, quand le vol doit être attribué à son imprudence personnelle. »

Nous avons vu quelle était cette imprudence ; mais voici un autre cas où il n'est pas argué de faute personnelle, et le 19 décembre 1882, le même tribunal jugeait que :

« *Des affiches* placées, soit dans les endroits apparents d'un hôtel meublé, soit dans les chambres des voyageurs, et dans lesquelles l'hôtelier informe sa clientèle qu'il n'entend répondre que des effets qui seront déposés entre ses mains, *ne suffisent point* pour faire disparaître sa responsabilité, quand le voyageur n'a pas laissé dans sa chambre des valeurs trop considérables. »

Enfin, le 19 février 1883, dernier jugement qui décide encore qu'un hôtelier n'est point déchargé de toute responsabilité par l'apposition, dans les chambres, d'une pancarte, informant les clients que la maison entend répondre seulement des valeurs déposées à la caisse.

En vérité, l'on était moins rigoureux autrefois.

Le 3 février 1687, le Parlement de Provence déclarait que l'hôtelier n'était pas responsable d'un vol fait à un voyageur par un autre voyageur, dans l'hôtellerie, lorsque l'objet volé n'avait pas été déposé entre les mains de l'hôtelier.

Et nous avons vu plus haut quelle était à cet égard la doctrine de Pothier.

Le 7 décembre 1700, nous avons encore un arrêt du Parlement de Paris décidant qu'un hôtelier n'était pas responsable des pierreries qu'on avait mises chez lui sans en faire la déclaration.

Nous pourrions citer d'autres décisions, desquelles il résulte que l'avis donné par l'hôtelier de ne point laisser dans la chambre de l'argent ou des objets précieux suffisait, à cette époque, pour dégager sa responsabilité; mais nous nous heurterions au texte de notre Code civil et l'on nous répondrait aujourd'hui que l'on ne saurait par un écrit essentiellement privé restreindre une loi générale dont les termes sont si absolus.

SEULES RESTRICTIONS LÉGALES
AU PRINCIPE DE LA RESPONSABILITÉ.

Il faut néanmoins et avant tout qu'il soit certain que le vol ou le dommage dont se plaint le voyageur a eu lieu dans l'hôtel où celui-ci a été reçu.

La Cour de Paris a, dans un arrêt du 30 avril 1850, refusé de reconnaître la responsabilité de l'aubergiste, parce qu'il était démontré aux débats que les objets perdus ou volés avaient été déplacés ou portés au dehors par le voyageur.

Ainsi, le principe est bien net : l'aubergiste répond des vols commis dans l'hôtel ou ses dépendances ou même sur la voie publique, lorsque, faute d'emplacement, le voyageur est obligé de laisser ses effets chargés au dehors ; car alors le vol implique un défaut de surveillance de la part de l'aubergiste dans les lieux commis à sa garde ; mais, dès que le fait dont se plaint le voyageur n'est pas incompatible avec l'idée que les objets ont pu être perdus par le voyageur lui-même ou lui être volés au dehors, l'aubergiste doit être dégagé de toute responsabilité.

La seule restriction apportée à ce principe est contenue dans l'article 1954 : « Ils ne sont pas responsables des vols faits avec force armée ou autre force majeure. » C'est l'application de la règle générale établie par l'article 1148 : « Il n'y a lieu à aucuns dommages-intérêts lorsque, par suite d'une force majeure ou d'un cas fortuit, le débiteur a été empêché de donner ou de faire ce à quoi il était obligé, ou a fait ce qui lui était interdit. »

Mais c'est à l'hôtelier à prouver la force majeure. Dès que le voyageur a établi l'existence du dépôt, il faut que l'hôtelier le représente ou prouve l'événement qui le dispense de le représenter.

L'effraction peut-elle être assimilée à la force armée ?

Non ! répondait déjà un arrêt du Parlement de Toulouse, le 27 février 1584, dans une affaire où les voleurs avaient fait à la muraille une brèche par laquelle ils s'étaient introduits pour enlever les marchandises déposées par un voyageur dans une écurie fermée à clé.

Non ! répond encore un arrêt de la Cour de Paris, le 10 avril 1843. Voici les faits : Le sieur Labourbis, horloger, était descendu, au mois d'août 1842, à l'hôtel du Chariot-d'Or, à Paris. Deux jours après, il s'aperçoit que la porte de sa chambre avait été ouverte à l'aide d'effraction ; que l'on avait brisé la serrure de sa malle, et que des montres et une somme d'argent en avaient été enlevées.

De là, procès contre l'hôtelier. Celui-ci proteste qu'il n'a commis aucune imprudence, et qu'il y avait eu, dans cet accident, faute imputable à Labourbis : 1° Il avait emporté la clé de sa chambre en sortant, au lieu de la remettre, selon l'usage ; 2° il n'avait fait aucune déclaration des objets précieux renfermés dans sa malle ; 3° il avait laissé ses effets dans une malle posée à terre, au lieu d'utiliser une commode fermant à clé, qui se trouvait dans la chambre.

La Cour a déclaré que ces faits, en les supposant prouvés, n'étaient point suffisants pour constituer une négligence imputable au voyageur, et a condamné l'hôtelier à lui restituer une somme de 1,500 francs.

La surveillance de l'hôtelier doit être incessante, de jour comme de nuit ; elle ne peut pas laisser passer inaperçus des vols avec effraction, escalade ou démolition. C'est donc en connaissance de cause que l'article 1954 n'a parlé que du vol commis à main armée. Il faut que l'hôtelier ait été vaincu par la force.

Il faut même qu'un tel vol ait été commis par des personnes du dehors ; car si ses auteurs étaient des employés ou des étrangers reçus dans l'hôtel et y allant et venant, le propriétaire de l'hôtel en serait responsable ; en effet, il est tenu envers le public, soit de ceux qu'il emploie, soit de ceux qu'il reçoit, et, plus le crime de ces personnes est audacieux et coupable, plus il y a lieu à resserrer la responsabilité promise aux voyageurs.

***

SÉVÉRITÉ DE LA LOI
DANS L'INTÉRÊT DE L'HÔTELIER?

Telle est donc la situation faite par la loi aux hôteliers. A moins que l'objet n'ait été volé ou perdu en dehors de chez eux ; à moins qu'ils n'aient dû céder à la force, ils sont responsables, ils sont présumés en faute et ils n'ont, pour les protéger, que les hasards d'une enquête ou les apparences sur la qualité des personnes qui peuvent induire en erreur le magistrat le plus honorable.

Mais, nous dit-on, ils auraient bien tort de se plaindre ! « Cette responsabilité, qui paraît rigoureuse, est peut-être la base la plus solide de la prospérité des aubergistes. C'est la confiance qu'ils inspirent, ou la bonne foi et la surveillance à laquelle la loi les oblige, qui rend les voyages plus faciles, plus multipliés et qui attire les voyageurs chez eux. »

J'en demande pardon au vénérable tribun du peuple, qui prononçait ces paroles, le 23 ventôse an XII, l'argument n'est pas ou n'est plus sérieux.

Combien de voyageurs connaissent la loi ? Très peu ; et, en vérité, dans l'état des choses, cela est fort heureux pour l'hôtelier ; car il pourrait être cruellement exploité par les voleurs et les escrocs, s'ils étaient aussi instruits sur le Code civil qu'ils le sont sur le Code pénal.

Mais, à ne parler que des voyageurs honnêtes, il n'en est certes pas un sur cent qui sache les dispositions que nous venons d'étudier. Ce ne sont donc point ces dispositions qui facilitent et multiplient les déplacements, et ce serait bien la première fois qu'un texte législatif rivaliserait d'attraction, au profit de l'hôtelier, avec la renommée du paysage où les merveilles des grandes villes.

D'ailleurs, les Français seuls sont censés ne pas ignorer la loi, et ce sont eux précisément qui voyagent le moins. Quant aux étrangers, qui constituent la plus nombreuse clientèle, ils ne connaissent point les rigueurs de cette responsabilité, rigueur que leur droit national cherche, en général, à atténuer.

Dans de telles conditions, peut-on soutenir encore que sans les articles 1952 et suivants, il n'y aurait pas tant de monde dans les hôtels ? Et si, comme nous l'espérons, une loi nouvelle vient prochainement adoucir cette sévérité, *basé la plus solide de la prospérité des aubergistes*, croit-on, par exemple, que la prochaine Exposition comptera un visiteur de moins ?

Laissons donc de côté ces considérations, et tâchons

de parer aux dangers que présente la législation actuelle, dangers pour l'hôtelier, dangers pour le voyageur.

DANGERS POUR L'HOTELIER

Nous les avons déjà signalés. Ils sont dans le texte trop absolu de la loi, dans le sens trop large donné au mot *Effets*, dans le mode trop incertain de la preuve à fournir.

Le Code a gardé le silence sur l'étendue de la responsabilité; elle est donc illimitée en principe, et limitée en pratique par le seul arbitrage du tribunal. Or, à travers les variations de la jurisprudence, nous retrouvons toujours, au fond des jugements, la sévérité inquiétante dont nous avons parlé plus haut.

C'est ainsi qu'en 1674, un marchand, qui voyageait avec une cassette renfermant une somme de 900 livres, l'avait placée dans un coffre fermant à clé qui se trouvait dans sa chambre : puis il était sorti, laissant la clé de sa chambre pendue à son clou, comme cela se pratique dans les hôtels. Un autre voyageur prit la clé, entra dans la chambre, enleva la serrure du coffre et celle de la cassette et vola les 900 livres. L'hôtelier fut condamné, comme responsable, par arrêt du Parlement de Paris, rendu le 30 janvier 1675.

C'est ainsi encore que nous lisons dans un arrêt de la Cour de Rouen, prononcé le 4 février 1847 :

> « *Attendu que les dispositions des articles 1953 et 1954 du Code civil sont formelles et absolues; — qu'il en résulte que les aubergistes et hôteliers sont responsables, dans tous les cas, du vol des effets apportés par le voyageur qui loge chez eux, soit que le vol ait été commis par les domestiques et préposés de l'hôtellerie ou par des étrangers allant et venant dans l'hôtellerie; — que la seule exception admise par la loi est le vol avec force armée ou autre force majeure; —* que l'hôtelier ne peut donc être déchargé de cette responsabilité, ou parce qu'il alléguerait avoir pris toutes les mesures nécessaires pour la sûreté de son hôtel et celle des effets des voyageurs, ou parce que le voyageur ne lui aurait ni

déclaré, ni remis les effets dont il était porteur, ou enfin parce que celui-ci ne se serait pas conformé à l'avertissement imprimé et affiché dans chaque chambre de l'hôtel; — attendu, néanmoins, que le voyageur ne peut, par son fait, aggraver la responsabilité de l'hôtelier; — que, s'il est en faute pour n'avoir pas pris contre le vol les précautions les plus ordinaires, il doit supporter une partie du dommage dont il a été indirectement la cause! — attendu, d'autre part, que l'hôtelier ne peut être obligé de rembourser, dans tous les cas, toutes les valeurs dont le voyageur se serait nanti et qui lui auraient été soustraites; — qu'il ne peut être tenu qu'au paiement des sommes dont il doit être présumé avoir, en sa qualité d'hôtelier, accepté la responsabilité, eu égard à la position du voyageur et à la tenue habituelle de l'hôtel dans lequel il le reçoit. »

Combien sont dangereuses de pareilles présomptions avec l'élasticité du terme : Effets !

Nous lisons dans un autre arrêt de la Cour de Paris, rendu le 21 novembre 1836, que la responsabilité de l'aubergiste ne peut s'appliquer qu'aux effets que les voyageurs apportent avec eux pour les nécessités du voyage.

Mais c'est pour les nécessités du voyage que le commerçant, en tournée pour ses achats de marchandises, apportera avec lui des sommes considérables! C'est pour les nécessités du voyage que le receveur général, qui vient verser sa caisse, arrivera dans l'hôtel avec des centaines de mille francs !

Et le principe de la responsabilité demeure immuable! Ce n'est qu'au point de vue de la preuve que le tribunal a le pouvoir discrétionnaire de l'admettre ou de la rejeter totalement ou partiellement. suivant les circonstances.

Emus, à bon droit d'un semblable état de choses, les hôteliers de France et d'Algérie ont, plusieurs fois déjà, présenté aux pouvoirs publics leurs justes réclamations.

Grâce au zèle et à la persévérante intelligence de M. le Président de leur Chambre syndicale, la situation a été et est encore en ce moment l'objet d'une sérieuse étude, et prochainement, peut-être, un bon résultat viendra couronner ses efforts ; mais, dès le 18 juin 1881, un rapport, annexé au procès-verbal de la séance, indiquait aux députés les graves inconvénients de la législation actuelle.

Voici, d'ailleurs, les termes de ce rapport :

« Le mot *effets* doit être entendu dans le sens le plus large ; il s'applique non seulement aux effets d'habillement, mais aussi aux effets de commerce, aux billets de banque, aux valeurs au porteur.

« Or, au moment de la promulgation du Code civil, les billets de banque ne circulaient pas encore, les valeurs au porteur n'existaient pas. Il faut croire que par le mot *effets* le législateur a voulu entendre les *objets* nécessaires pour les besoins du voyage, vêtements ou argent.

« Il ne pouvait prévoir le cas où le voyageur aurait avec lui une fortune, comme cela arrive souvent aujourd'hui.

« S'il est, jusqu'à un certain point, possible à des juges d'apprécier quels sont les effets, argent ou autres objets, que le voyageur a dû porter avec lui pour les besoins de son voyage, il est plus difficile d'arriver à reconnaître quelles sont les valeurs, quelle est la fortune que le même voyageur a pu laisser dans un portefeuille enfermé dans sa malle ou oublié sur un meuble de l'appartement qu'il occupe.

« Il peut se faire alors ou que le voyageur soit de mauvaise foi, ce qui peut injustement léser et même ruiner l'hôtelier, ou que le voyageur ne puisse réussir à faire triompher la vérité, ce qui l'exposerait lui-même à ne pas obtenir la restitution des valeurs qui lui ont été volées. »

DANGERS POUR LE VOYAGEUR

Car il ne faut pas perdre de vue que nous sommes tous, comme les hôteliers, intéressés au succès de la pétition présentée par ces derniers, et que les modifications demandées à l'article 1953 auront une utilité réelle, non pas seulement pour une corporation déterminée, mais pour le public tout entier, étant donné le nombre sans cesse croissant des voyageurs appartenant à toutes les classes de la société.

Or, de même que nous examinons plus haut le régime légal sous lequel étaient placés les hôteliers ou aubergistes, de même nous allons signaler, d'un mot, la situation faite au public par la législation actuelle et les dangers présentés par le mode de preuves qu'elle a admis.

« L'article 1348 du Code Napoléon (écrit Marcadé, art. 1952, n° 524) en autorisant la preuve par témoin, prescrit au juge, conformément à l'ordonnance de 1667, dont il reproduit les termes, d'avoir égard à la qualité des personnes et aux circonstances du fait. Ainsi le juge doit prendre en considération la qualité des personnes, la vraisemblance de la réclamation présentée par le voyageur; il doit examiner si les objets dont celui-ci demande à prouver l'apport dans l'auberge sont en rapport avec sa fortune, sa position, le but de son voyage; c'est là un premier moyen qui sert de contrepoids équitable à la responsabilité si rigoureuse de l'aubergiste.

« Ce n'est pas tout : Après la preuve de l'existence même du dépôt, c'est-à-dire de l'apport dans l'hôtel des effets réclamés, le voyageur doit en établir la valeur, le nombre, la quantité et la qualité.

« Ici le juge devra admettre avec plus de réserve encore la preuve par témoins ; il devra s'aider des *présomptions tirées du caractère* de la personne qui réclame, de sa *probité plus ou moins grande*, et, *selon les circonstances*, il pourra lui *déférer le serment* AD LITEM, conformément à l'article 1369 ; *après quoi le juge pourra encore modérer dans son jugement l'appréciation qu'il trouverait exagérée, et même ne pas tenir compte des affirmations* du plaignant, si elles étaient en contradiction évidente avec sa position de fortune ou l'objet de son voyage. »

Cette doctrine a été admise par la jurisprudence, et nous pouvons citer, à cet égard, un arrêt du 23 mai 1863, rendu par la première chambre de la Cour de Paris, dans les circonstances suivantes :

Le 10 décembre 1861, M. R..., officier supérieur en retraite, prenait possession d'un appartement dans un hôtel garni de la rue Le Peletier; il était alors trois heures de l'après-midi. M. R... sort quelques instants, et, à cinq heures, il constate qu'une somme de plus de 6,000 francs en or et en billets a été enlevée d'un tiroir de la commode sur lequel la clef avait été laissée.

Le vol et le chiffre de la somme volée ne sont pas plus contestés que les soins apportés dans la gestion et la surveillance de l'hôtel. On suppose que l'auteur de la soustraction est un individu qui, après avoir pris une chambre vers 2 heures, peu avant l'arrivée de M. R..., est reparti avant 4 heures.

Quoiqu'il en soit, M. R... a assigné le propriétaire de l'hôtel en paiement de la somme intégrale qui lui a été soustraite, soit 6,300 francs.

Sur sa demande, le Tribunal civil de la Seine a, par jugement du 25 mars 1862, statué en ces termes :

Le Tribunal : « Attendu qu'il résulte de tous les documents de la cause que le vol d'argent commis le 10 décembre dernier au préjudice de R..., dans la commode de la chambre qu'il occupait à l'hôtel, et ce, de 3 à 5 heures du soir, pendant qu'il était absent, l'aurait été non par un des domestiques de la maison, mais par un de ces voleurs de profession contre lesquels, malgré toutes leurs précautions, les maîtres d'hôtel ne peuvent jamais complètement se garantir, lequel, installé ce jour là même sur les 2 heures dans une chambre voisine de celle de R..., est ressorti de l'hôtel sur les 3 h. 1/2 pour n'y plus reparaître ;

« Que R... avait eu le tort de conserver en sa possession dans l'hôtel, sans en prévenir le propriétaire, une somme aussi forte que celle de 6,300 francs par lui déclarée, et le tort aussi de laisser la clef au tiroir de la commode dans laquelle était cet argent ;

« Que, dans ces circonstances, *le maître d'hôtel ne saurait être tenu à l'indemniser que de la perte de la somme que dans sa position de fortune il pouvait et devait raisonnablement avoir* pour ses besoins usuels et ordinaires, somme qui demeure fixée par le Tribunal, d'après les documents de la cause et les éléments d'appréciation qui lui sont fournis, au chiffre de 1,000 francs,

« Condamne le maître d'hôtel à payer, à titre d'indemnité pour les causes dont s'agit, à R... la somme de 1,000 francs ; rejette le surplus de la demande. «

La Cour a maintenu cette décision dont elle a purement et simplement adopté les motifs.

Ainsi donc, voilà un voyageur qui peut avoir subi un préjudice net de 5,300 francs.

Autre exemple et autre jugement du même tribunal rendu le 30 juin 1880 ; voici les faits :

M. de A..., victime d'un vol dans l'hôtel B... qu'il habitait depuis longtemps, assigne le directeur et propriétaire de l'hôtel en paiement de 2,350 francs à titre de dommages-intérêts.

Le directeur répond qu'en admettant même, ce qui lui paraît contestable, que l'hôtelier soit responsable non seulement des bagages du voyageur, mais encore de ses bijoux et valeurs, dans l'espèce, M. de A... avait, en laissant la clef sur la porte de son appartement, commis une imprudence qui rendait son action non recevable et mal fondée.

Le Tribunal a décidé que si le fait, habituel de M. de A..., d'avoir négligé d'enlever la clef de la porte de son appartement, constituait de sa part une imprudence, elle ne pouvait avoir pour effet de dégager entièrement la responsabilité rigoureuse que la loi fait peser sur l'hôtelier ; qu'il avait à se reprocher lui-même de ne pas avoir exercé une surveillance suffisante dans son établissement, alors surtout que la présence d'un autre voyageur inconnu, et pouvant paraître suspecte avait été constatée dans l'établissement le jour même du vol ; que dans ces circonstances *il y avait lieu de restreindre la responsabilité du défendeur* en raison de l'imprudence relevée à la charge du demandeur personnellement.

En conséquence, le Tribunal a condamné le directeur et propriétaire de l'hôtel à payer une somme de 1,200 francs seulement.

Le voyageur a donc pu encore cette fois perdre 1,150 francs.

Il peut même n'avoir aucun recours, d'après la doctrine de certains auteurs.

Ainsi Toullier prétend que le juge a le pouvoir discrétionnaire de rejeter absolument la demande du voyageur quand celui-ci n'a pas fait la déclaration des objets précieux apportés par lui dans l'hôtel.

Et Sourdat écrit, dans son *Traité de la Responsabilité*, tome II, page 175 : « En principe, il faudra dire que si le voyageur a placé dans ses bagages des sommes considérables et des bijoux d'un grand prix, l'aubergiste ne peut être exposé, à son insu, à subir une perte énorme. La présence de ces sortes d'*effets* dans sa maison exige de sa part une surveillance plus active ; on doit le mettre en état de l'exercer en lui en faisant la déclaration. »

Cette théorie a même eu une certaine influence sur la jurisprudence, et le Tribunal de la Seine a déclaré, le 16 janvier 1884, que :

« S'il n'est pas nécessaire, pour donner ouverture à la responsabilité établie contre les hôteliers par les articles 1952 et 1953 du Code civil à l'égard du vol des effets apportés par les voyageurs dans leur hôtel, que les objets volés aient été confiés directement à la garde des hôteliers, il faut néanmoins que ceux-ci aient été mis à même d'exercer une surveillance effective sur les objets déposés par les voyageurs. »

Ces derniers sont donc, comme les hôteliers, exposés aux variations de la jurisprudence, aux contradictions des théories, aux appréciations souveraines des tribunaux, à tous les hasards des enquêtes.

Voilà le mal, pour les uns comme pour les autres.

Voyons le remède proposé à ce dangereux état de choses.

UNE LOI A MODIFIER

Que demandent les hôteliers ?

La pétition adressée par eux à la Chambre des députés définit leurs réclamations et les précise ainsi, quant aux valeurs et objets précieux : « Nous demandons que par addition à l'article 1953 il soit établi que *tout en restant illimitée pour les objets directement déposés entre nos mains, notre responsabilité, quand ce dépôt n'aura pas été effectué, ne puisse dépasser la somme de mille francs.* »

Voilà toute leur prétention ! Et les pétitionnaires ajoutent : « Nous croyons notre demande fondée en toute équité, un paragraphe en ce sens ajouté à la loi, tout en respectant le principe de la responsabilité des hôteliers, en réglementerait l'application, qui ne donnerait plus lieu à l'interprétation ou à l'arbitraire. » Il faut en effet que « rien ne reste incertain pour le juge qui devra appliquer la loi. »

Dans ces conditions, une seule question se présente : Les objets ont-ils été directement déposés entre les mains de l'hôtelier ?

Oui ! dès lors le dépositaire sera condamné à restituer intégralement la somme déposée ou le montant des valeurs et objets qu'il a réellement pris en garde. Pour le voyageur, aucun préjudice possible, aucune difficulté de preuve, aucune discussion, il n'a qu'à présenter son reçu.

Non ! dès lors le voyageur est en faute, il doit seul supporter les conséquences de son imprudence, et il aura beau établir le vol dans l'hôtel, la nature et l'importance des valeurs et objets précieux qui lui ont été volés, il n'aurait droit qu'à mille francs d'indemnité. Pourquoi n'a-t-il pas suivi les prescriptions qui seraient celles de la loi ?

Y a-t-il rien là qui puisse sembler déraisonnable ? Et ne serait-ce pas, au contraire, l'application pure et simple d'un régime existant, depuis longues années, pour les postes et les chemins de fer ?

Pour eux aussi la responsabilité, quand la valeur du colis expédié ou de la lettre envoyée a été déclarée, est égale à la déclaration : Pas de discussion non plus, dans ce cas ; il suffit pour être intégralement remboursé de représenter le récépissé délivré par l'administration.

Dans le cas contraire, celle-ci n'est responsable que jusqu'à concurrence d'un maximum fixé par la loi.

Et remarquez ce qu'il y a d'étrange dans cette législation : La responsabilité des Postes et des Chemins de fer est limitée ! Cependant ces dépositaires surveillent eux-mêmes, à l'exclusion du déposant, le dépôt qui leur est confié.

La responsabilité des hôteliers au contraire est illimitée ! Cependant, ici, c'est le déposant qui conserve seul la libre disposition du dépôt, et c'est le dépositaire qui ne peut exercer la surveillance dont le défaut entraînera de si préjudiciables conséquences.

Est-ce juste ? comme nous le disions en commençant !

Et ne pouvons-nous écrire avec les députés qui se sont occupés de la question :

« Cette proposition de loi répond à un besoin réel ; elle ne porte aucune atteinte à ce qui existe et ne fait qu'y ajouter des dispositions nécessitées par un ordre de chose absolument nouveau ; elle donne satisfaction aux justes réclamations des hôteliers, tout en laissant une latitude suffisante aux voyageurs dont elle sauvegarde les intérêts ; elle mérite donc à tous égards un examen sérieux. »

Les objections qui nous ont été faites ne sont point fondées !

On nous a dit : Le voyageur sera trop fatigué et l'hôtelier trop occupé pour régulariser le dépôt ! Nous répondrons que les moyens de transports actuellement employés n'imposent pas au voyageur une fatigue telle qu'il ne puisse donner une signature sur un livre préparé à l'avance ou prendre le reçu qui lui sera présenté. Quant à l'hôtelier, de deux choses l'une, ou sa maison sera peu importante ou elle le sera beaucoup. Dans le premier cas, il aura tout le temps voulu pour une opération aussi simple, dans le second cas il aura un personnel suffisant pour éviter toute difficulté.

L'Amérique, pays essentiellement pratique, où les voyages sont très fréquents et les distances énormes, a cependant imposé à ses hôteliers des coffres-forts où les valeurs doivent être enfermées contre récépissé. Nous l'avons signalé plus haut.

Mais, nous dit-on encore, si le voyageur n'a pas confiance dans l'hôtelier, s'il ne veut pas effectuer le dépôt ?

Nous répondons : Le voyageur est et resté absolument libre, libre de choisir son hôtel, libre d'aller ailleurs, libre de ne pas déposer ses valeurs ! seulement alors il devra prendre toutes les mesures de prudence exigées par la situation ; en cas de vol ou de disparition, il ne pourra réclamer que le maximum fixé par le législateur, il subira le sort commun ; car sa position ne doit pas être améliorée par sa défiance irraisonnée peut-être, par sa négligence, ou par son mépris de la loi.

Il est évident que nous pourrons nous trouver en présence de circonstances ou de caractères exceptionnels, mais l'intérêt général ne saurait être tenu en échec par des exceptions.

En conséquence plusieurs textes modificatifs de l'article 1953 ont été proposés. Dans l'un nous lisons : « La limite de garantie à raison de la perte ou disparition dans l'hôtel ou ses dépendances des objets précieux et valeurs apportés et non déposés, est portée à mille francs. Il n'est rien innové aux règles de la responsabilité directe ou indirecte édictées par les articles 1382 et suivants du Code civil. » Un autre contient ceci : « Il est ajouté à l'article 1954 la disposition suivante : « Ils ne sont responsables des valeurs et objets précieux que jusqu'à concurrence de mille francs lorsque ces valeurs et objets précieux n'ont pas été déposés entre leurs mains. » Il est à remarquer que ce maximum est plus élevé qu'en Angleterre où cependant les voyageurs sont ordinairement plus nombreux et porteurs de sommes plus importantes. D'autres projets ont pu être présentés encore. Il ne nous appartient point de discuter ces textes. Ce serait empiéter sur les attributions de nos législateurs ? Nous sommes avocat, nous agissons ici comme à la Cour, défendant les intérêts menacés, laissant aux magistrats l'honneur de prononcer l'arrêt.

Or, il ne s'agit point seulement ici d'une corporation mais du public tout entier. Le nombre toujours croissant des voyageurs est là. pour affirmer que nous ne nous trompons pas.

Eh bien, le législateur vraiment digne de ce nom, ne doit laisser aucun intérêt en souffrance. Gouverner pour le bien commun, fixer les devoirs et les droits de tous, et suivant la maxime éternelle, rendre à chacun le sien, telle est la grandeur de son rôle ! Il ne saurait l'oublier.

FIN.

[illegible]